EXTRAIT DE L'ÉCHO DES VOSGES.

DES DROITS
DES RIVERAINS

Des Cours d'eau déclarés flottables

DANS LES DÉPARTEMENTS DE LA MEURTHE ET DES VOSGES,

Par l'Ordonnance du 10 Juillet 1835 ;

Par M. Noël,

AVOCAT, NOTAIRE HONORAIRE A NANCY.

MIRECOURT, IMPRIMERIE ET LITHOGRAPHIE DE HUMBERT.

1837.

de Beaumont accorde la pêche aux
rauches, Voyez mon troisième mémoire note
24.

à la page 2 d'après l'art 41 titre 27 de
ornance de 1669 rendue par Louis 14.
l'pêche n'étoit ni domanial ni
il pouvoir être féodal par exception
une charte de Bibow évêque de Toul
an 1073, rapportée par mr Degenestre sag 3
nts, enqui se trouve aussi jecrois dans
mes. l'abbé des arnould anuty s'étant
propriétaire de la Rivierre devan
aux dames, les dames ayant sous le
ion de l'abbé construit un lour il fut
quelubin appro abbé pourroir le jour de la
Remy envoyer un agent sur le lour depuis
du matin jusqu'à midi enqu'après cette
nte de six heures il recevroir douze deniers

✿✿✿✿✿✿✿✿✿✿✿✿✿✿✿✿✿✿✿✿✿✿✿✿✿✿✿

DES DROITS DES RIVERAINS

DES COURS D'EAU DÉCLARÉS FLOTTABLES DANS LES DÉPARTEMENTS DE LA
MEURTHE ET DES VOSGES, PAR L'ORDONNANCE DU 10 JUILLET 1835.

———————⊰❦⊱———————

Que M. Collenne blâme ou critique la loi du 15 avril 1829,
traite de misérable un droit de pêche ; que, conformément au droit
romain, il déclare sans propriétaires les cours d'eau flottables
ou navigables ; le poisson la propriété du premier saisissant, tout
cela est fort savant.

M. Maud'heux critique avec de très-bonnes raisons l'enquête
d'après laquelle le Gouvernement, par ordonnance du 10 juillet
1835, décide que la Moselle est flottable depuis le pont de la
Vierge. Dire que cette rivière n'est point flottable, ce que je crois ;
qu'encore qu'elle soit flottable ce serait peu utile au commerce de
ses rives ; conseiller enfin aux riverains d'abandonner leur droit
de pêche à la charge de canaliser la Moselle. Certes tout cela
est très-bien et fort louable.

Il me semble néanmoins que ces Messieurs n'ont pas traité directement les questions qui doivent sérieusement et maintenant
occuper tous les riverains : 1° *Les riverains qui , avant le 10
juillet 1835, jouissaient des droits de pêche , ont-ils pu en être
privés sans indemnité préalable ? 2° Seront-ils obligés de fournir
un marche-pied et les servitudes qui en découlent, sur leur propriété, sans être indemnisés et sans qu'on remplisse, à leur égard,
les formalités de l'expropriation forcée pour cause d'utilité publique ?*

Telles sont les questions que nous nous proposons d'examiner.
Elles intéressent au plus haut point les nombreux riverains, non-
seulement des cours de la Moselle et de la Meurthe, mais encore
de la Save, de la Goutte, de la Maix, de la Plaine, du Rabo-
deau, de la Ravine, du Taintroué, du Châtillon, de la Sarre-
Rouge, de la Sarre-Blanche, de la Sarre, du Val de la Vezouze

et du Canal des salines. De ces cours d'eau qu'on ne se doutait guère devoir être déclarés flottables, plusieurs n'ont jamais peut-être flotté une bûche et ne sont connus que par l'ordonnance qui les illustre. Pour préciser du moins, ne trouvons-nous, en aucune statistique, les noms du *Châtillon* et du *Val.*

† On dit contre les riverains : La pêche appartient au souverain. C'était un droit féodal, vous n'avez pu pêcher que par tolérance; vous n'avez pu prescrire ce droit, parce que ce qui tient aux cours d'eau flottables est imprescriptible et hors du commerce. Le marche-pied est une conséquence directe et absolue du fait du flottage antérieur; il est acquis par prescription et par l'usage qu'on en a fait ou pu faire, depuis qu'on flotte sur le cours d'eau.

Nous répondons : ce n'est qu'en France que le droit de pêche était féodal ou régalien. Ce principe n'était point reçu en Allemagne ni en Lorraine. Les ducs de Lorraine, quoique grand-voyers entre le Rhin et la Meuse, n'ont jamais fait d'acte, à notre connaissance, qui eût pour base la prétendue propriété d'aucun cours d'eau. Dans les droits féodaux, dans les relevés des fiefs, nous n'avons jamais remarqué le droit de pêche : ce droit appartenait directement aux propriétaires du sol voisin des cours d'eau. Nous ne connaissons aucune servitude établie sur un terrain, pour faciliter la pêche : ce droit était exercé par des communes traversées par des cours d'eau; il était encore exercé par des seigneurs propriétaires des rives, et qui ont pu les vendre en conservant le droit de pêche. Les cours d'eau, pour leur écoulement, dépendaient de la voirie des communes ou des hauts justiciers; en conséquence, aucune digue, aucun moulin ne pouvait être établi sans permission du haut justicier qui, pour cette permission, prenait un droit : ce droit seul pouvait être réputé féodal lorsque le moulin était construit sur un autre sol que celui appartenant aux seigneurs. Les moulins s'établissaient sans aucune permission du prince. Ils entraînaient par eux-mêmes le droit de pêche sur la portion du cours ou du canal affecté au moulin : aussi plusieurs moulins étaient-ils frappés d'une redevance de tant de livres de poisson. Ce qu'il importe de constater, c'est que les ducs de Lorraine, malgré leur qualité de Marchis ou grand-voyers entre Meuse et Rhin, n'ont jamais prétendu être propriétaires des cours d'eau navigables ou flottables qui traversaient la Lorraine, n'ont jamais compris dans leurs droits utiles ou honorifiques, la surveillance des cours d'eau et le droit de pêche sur ces cours. Nous avons revu tous les péages ducaux établis en Lorraine depuis Christine de Danemark, régente et tutrice de Charles III, jusqu'à la cession de la Lorraine à la France, et nous n'en n'avons trouvé aucun d'établi sur les cours d'eau. Les ordonnances sur la police de la pêche, rendues en 1597, 1617, 1701, le 18 avril 1703 et le 22 juin 1708, n'indiquent nulle part que le duc ait un droit général de pêche, au contraire, il reconnaît ce droit à d'autres qu'à lui; c'est pourquoi s'il y avait des péages établis sur les cours d'eau, c'était en faveur de communes et de seigneurs propriétaires riverains. Ces droits, établis à titres particuliers, n'étaient point régaliens. La ville de Liverdun, propriétaire des rives de la Moselle, avait un droit de péage; le seigneur de Custine en avait un autre. A Pont-à-Mousson il y avait, en 1700, un droit de péage sur la Moselle en faveur de la ville, sur ce qui passait sous le pont, et un droit de péage en faveur du souverain, sur ce qui passait sur le pont. Lors de la construction des moulins de Nancy, le duc a pris possession de la pêche depuis les vannes des moulins jusqu'au ban de Champigneule. Ce duc était propriétaire du Crône et percevait une sur cent des planches qu'on y débarquait. Le duc avait un droit, au pont de Bouxières, sur tout ce qui passait dessus ou dessous, etc., etc.; mais ces droits étaient les accessoires du pont ou du moulin et pour leur entretien. Nous ne connaissons aucun monument ancien qui constate que les ducs se soient occupés du flottage ou de la navigation sur les cours d'eau de leurs États. Ce n'est qu'en dernier lieu, lorsque le duc Léopold a mis ses domaines en ferme, qu'il a été pris des dispositions, à la demande des fermiers, pour empêcher le vol des bûches confiées aux cours d'eau, pour l'approvisionnement des salines de Dieuze et de Rosières. On trouve un jugement rendu à Vic, le 28 décembre 1728, par les commissaires du duc joints à ceux du roi de France, qui condamne le vol du bois bôlé, et on établit un règlement, une ordonnance du 16 décembre 1729, touchant le flottage des bois de la saline de Rosières. Dans le bail des fermes générales, passé le 7 septembre 1757, au détail des domaines loués, et dans les six gros volumes in-folio qui formaient l'inventaire du domaine, on ne trouve nulle mention d'un droit général sur aucun cours d'eau, mais des droits particuliers à titre singulier dépendant de certaines terres ou de certains rivages. Au bail, on remarque l'art. 56, ainsi conçu : « Les rivières qui servent au flottage des » bois nécessaires aux salines, seront entretenues libres et flot- » tables (1) par les riverains, etc. » Art. 57 : « Les meûniers et ri- » verains qui souffriront quelque préjudice par le flottage desdits » bois, seront dédommagés par le preneur, ainsi qu'il est accoutumé ; » et au cas que quelques seigneurs ou particuliers prétendent lever » dans nos États quelques droits de passage ou autres sur lesdits, » ils seront obligés de s'adresser à la Chambre des comptes, etc. » Cela prouve que les ducs ne se sont jamais occupés du flottage, comme voie de communication commerciale, mais seulement en ce qui regardait l'exploitation de leur saline. Ils établissent une ser- vitude en sa faveur : mais enfin cette servitude ne comprenait pas un marche-pied aux rivages. On était même obligé d'indem- niser le riverain des dégâts. Les ducs ne se reconnaissent point propriétaires des cours d'eau, ils reconnaissent, au contraire, que des seigneurs et des particuliers pouvaient avoir droit sur ces cours. Ce mot *particuliers*, au surplus, fait voir que cette possession ou ce droit n'était point féodal.

Cependant les cours d'eau de la Lorraine ont été, à diverses fois, l'objet d'une attention très-spéciale. En 1720, lorsque Philippe d'Orléans, régent de France pour Louis XV, avait conçu la jonc- tion de la Méditerranée, par des canaux, à l'Océan, Léopold avait déjà cherché les moyens de joindre la Moselle à la Saône, la Meuse à la Marne. Plus tard, Stanislas a fait étudier ces mêmes projets, et de plus celui de joindre le Rhin à la Meurthe. De nos jours encore, on pense joindre le Rhin à la Seine. Léopold a fait lever le plan des cours qu'on croyait utiles à la canalisation : j'ai ces plans, levés en 1720 par M. de Ravilliers. Dans le rapport fait au duc, par cet ingénieur, on ne voit pas que le duc soit dit propriétaire d'aucun des cours. Enfin, en 1775, M. de la Galaizière, intendant de Lorraine, fit dresser le plan et le nivel-

(1) Ce flottage était celui appelé à bûche perdue.

lement de la gorge du Void de Cône, entre Epinal et Bains, indiquée pour être la jonction de la Saône et de la Moselle.

Des particuliers et des sociétés savantes se sont également occupés de la navigation en Lorraine. André de Bilistein a fait imprimer un ouvrage sur ce sujet en 1764. La société royale des sciences et arts de Metz a fait imprimer des mémoires sur la navigation des rivières de la province des Trois évêchés; ils forment un gros volume in-4°, imprimé en 1773. Dans ces mémoires, il faut remarquer celui de M. Mathis, qui se dit citoyen. Il rend compte de son voyage de Coblentz à Nancy, en remontant en bateau la Moselle et la Meurthe. On verra qu'entre Metz et Nancy il n'y avait pas de trottoirs constants; que souvent les chevaux ont été obligés de passer de gauche à droite, quelquefois de tirer dans l'eau; que les rives étaient, dans beaucoup d'endroits, couvertes de saules et d'autres arbres, qu'on se propose d'abattre. A cette époque, la servitude d'un trottoir ou d'un chemin de hallage ou même d'un marche-pied n'existait pas. Ainsi, à la critique très-judicieuse faite par M. Proudhon, dans son ouvrage des domaines, de l'arrêt du Conseil d'Etat du 8 mai 1822, qui condamne un sieur Comte à démolir un mur qui coupait le marche-pied le long des rives de la Moselle, on peut ajouter que ce marche-pied n'était pas dû, que c'était lui imposer une servitude nouvelle sans indemnité préalable.

Au moment de la convocation des états généraux, il fut présenté à l'assemblée provinciale de Lorraine et Barrois, un mémoire imprimé, intitulé : *Navigation de la Lorraine.* Dans cette pièce on trouve 1° qu'autrefois les cours de la Meurthe et de la Moselle étaient beaucoup plus profonds. Qu'au xvi° siècle la ville de Metz envoya par bateaux à Saint-Nicolas-de-Port les pierres nécessaires au pavé de l'église de cette ville. 2° On trouve un privilége donné par Louis XVI au sieur Delmont, le 31 août 1777, pour le transit, par la Lorraine, des marchandises étrangères : le sieur Delmont devait entretenir ce qui serait fait pour le curement des rivières ; mais ces ouvrages, ni aucun curement n'eurent lieu. 3° Il est dit que, l'ordonnance de France du 24 juin 1777, enjoignant à tous propriétaires riverains de livrer 24 pieds de largeur pour le hallage des bateaux, a été diverses fois publiée en Lorraine à l'effet de rendre libres les bords de la Meurthe et de la Moselle entre Metz et Nancy, mais que cette ordonnance ne reçut jamais aucune exécution; qu'alors, en 1788, les rives entre Metz et Nancy étaient encore obstruées par des arbres et surtout par des saules qui occasionaient journellement des pertes considérables au commerce. L'auteur demande la suppression de ces obstacles, le curement et le redressement du cours d'eau en divers lieux.

En l'an III de la république, M. Lecreux, ingénieur en chef, publia un mémoire sur les avantages de la navigation des canaux et rivières qui traversent les départements de la Meurthe, des Vosges, de la Meuse et de la Moselle. On y voit qu'en 1751 on présenta au roi de Pologne un projet pour rendre la Moselle navigable de Frouart à Épinal. Les auteurs du projet s'obligeaient à fixer le lit de la rivière. L'auteur, à cette époque, jugeait que la Moselle se refusait à toute espèce de navigation au-dessus de Frouart, parce que cette rivière charrie une quantité considérable de cailloux et de gravier qui tendent continuellement à la combler et à la faire changer de lit, cause persistante et qui doit contribuer à rendre de jour en jour le cours d'eau moins navigable. M. Lecreux pense qu'on ne peut rendre la Moselle utile qu'en construisant un canal de navigation à commencer à Frouart jusqu'à Épinal, dont il estime la dépense à 4,476,000 fr.

M. Marquis, dans sa statistique du département de la Meuse, estime cette dépense à 7,000,000. M. Cordier, inspecteur divisionnaire au corps royal des ponts et chaussées, est le dernier qui se soit occupé de l'étude des communications à ouvrir. Reprenant l'ancien projet de *Lucius Vetus,* il démontre que ce projet est possible, et qu'on peut l'améliorer; mais il croit que la dépense s'en éleverait à 26,000,000 de fr. pour ouvrir une galerie souterraine entre la Moselle et le Coney: il perfectionnerait le cours de ces rivières et celui de la Saône, de Gray à Corre, et à ce moyen, on pourrait, sans portage, sans écluses nombreuses et sans fractionner les charges, parcourir la France et la Belgique en une seule ligne, de Marseille à Anvers (1).

_____

(1) Il existe encore beaucoup d'autres projets particuliers outre ceux qui sont compris dans le grand travail de l'administration des ponts et chaus-

Tous ces faits prouvent qu'on s'est beaucoup occupé en théorie des cours d'eau de la Lorraine ; que jamais le gouvernement n'a pris possession d'aucun de ces cours d'eau ; qu'ils n'ont jamais été soumis à aucune police ni voirie sous le rapport de la navigation ou du flottage, si ce n'est du flottage à bûche perdue en faveur seulement des salines et pour réprimer le vol du bois bolé. Ainsi il n'y avait le long des rivages aucun chemin de hallage ou marche-pied. Actuellement encore, sur la Meurthe, au-dessus de Nancy ; sur la Moselle, au-dessus de Toul ; dans mille lieux on trouvera que les riverains ont clos leur héritage jusqu'au cours et ont planté des arbres ou des saules jusque sur la rive. Les lois, pendant la révolution, n'ont rien changé à cet état de chose ; au contraire, elles ont confirmé ce droit. Un avis du Conseil d'État du 50 pluviose an XIII, accorde le droit de pêche à tous les propriétaires riverains de cours d'eau non navigables. En conséquence il reconnaît ce droit aux riverains de cours seulement flottables. Cet avis dit : « La révolution a aboli les droits féodaux, » non dans l'intérêt des communes, mais des particuliers ; les » communes n'ont pas dû succéder aux droits des seigneurs : » la pêche est une indemnité des sinistres et accidents auxquels » les riverains sont assujettis, par le fait de leur propriété. »

Ainsi au 10 juillet 1855, il y avait trente ans et cinq mois que le Gouvernement a proclamé les droits de pêche des riverains de tout cours d'eau non navigable, et cela sous l'empire du code civil ; le titre de la distinction des biens ayant été promulgué le 4 pluviose an XII, et celui de la prescription le 24 ventose même

---

sées. Espérons que la théorie des puits artésiens, bien comprise et bien appliquée, nous donnera le moyen d'éviter 26 millions de dépenses. La Saône, dont la navigation peut être perfectionnée jusqu'à sa source, ainsi que le Madon, qui se jette dans la Moselle à Pont-Saint-Vincent, paraissent être plus naturellement appelés que le Coney à être les éléments de jonction, à cause des difficultés locales et administratives ; la Saône et le Madon, coulant sur des grès et des marnes et en plaine, offrent bien moins de difficultés physiques, et par suite moins de dépenses. Le Void de Cône ne fournit tant d'eau que parce qu'il décharge la nappe d'eau du grès bigarré, qu'on peut faire remonter partout ailleurs, à petits frais, par d'habiles et judicieux sondages.

année. Si, en Lorraine, le droit de pêche était attribué au seigneur en sa qualité de seigneur, mais non féodalement, ce droit a passé aux riverains ; les communes ou les particuliers qui possédaient le droit de pêche à titre singulier ont dû le conserver ; car l'avis du Conseil d'État précité a seulement pour objet de régler la succession du droit féodal, et ne dit nullement qu'on ne pouvait posséder le droit de pêche sans être haut et puissant seigneur.

De ces faits, on doit avouer que ceux qui exerçaient le droit de pêche sur les cours d'eau déclarés flottables par l'ordonnance du 10 juillet 1835, soit que ce droit résultât de titres particuliers, soit qu'il résultât d'une propriété riveraine d'où dérivait ce droit, d'après l'avis du Conseil d'État du 30 pluviose an XIII, ont prescrit contre l'État et ne peuvent être privés de leurs droits que dans les formes de l'expropriation pour cause d'utilité publique.

On objecte : l'art. 538 du code porte : les rivières flottables ne sont point une propriété privée, et l'art. 2225 du même code dit qu'on ne peut prescrire le domaine des choses qui ne sont point dans le commerce. Les cours d'eau indiqués dans l'ordonnance du 10 juillet étant flottables sont hors du commerce : donc on ne peut prescrire contre ces cours le droit de pêche et de marche-pied ou de chemin de hallage, etc. C'est une erreur ou plutôt on confond ici des choses souvent distinctes. Ce qui est mis hors du commerce c'est le cours d'eau, c'est le lieu où passe la rivière. Ainsi on ne pourrait pas prescrire une construction faite sur le cours ; un pilotis, un barrage, une prise d'eau, en supposant que ces constructions aient été faites depuis que le cours a été légalement reconnu flottable ; mais le droit de pêche n'est pas un objet hors du commerce : cela est si vrai que le Gouvernement lui-même le met dans le commerce, le vend ou l'adjuge à divers particuliers et donne à ceux-ci des droits sur les rivages, marche-pieds ou chemins de hallage. Qu'est-ce donc à dire ? Ce qui se vend, ce qu'on met dans le commerce, n'est pas du commerce ? Ne conçoit-on pas qu'on puisse avoir le droit de chasse sur un cours d'eau, comme on a le droit de chasse sans être propriétaire du fonds, comme des communes et des particuliers ont le droit de parcours pour leurs troupeaux sur les terres non closes qui ne leur appartiennent pas (1)? Le Gouvernement est propriétaire du sol de diverses forêts, et le bois cru appartient à d'autres propriétaires, de manière que dans ces forêts, le Gouvernement n'a que le droit de chasse et quelquefois celui de glandée. Certes, il n'est pas plus difficile de concevoir le droit de pêche sur une rivière qui ne nous appartient pas. Ainsi ce droit est prescriptible.

La loi du 15 avril 1829 dit que l'État exercera le droit de pêche sur les cours flottables. Ce privilège que veut acquérir le Gouvernement, pour en commercer, est un domaine privé, distinct du cours flottable qui n'est pas susceptible d'être mis dans le commerce. Or, depuis 1790, tout domaine de l'État est prescriptible, à la différence du domaine public qui n'est pas la même chose. Le droit de pêche reste donc prescriptible comme tout autre domaine : on ne trouve d'exception nulle part. D'ailleurs, elle ne peut pas être d'intérêt public ; car la pêche ne nuit en rien à la navigation qui seule est d'ordre public. Si la pêche devait nuire à la navigation, le Gouvernement ne devrait point l'adjuger, mais la proscrire : alors il n'usurperait pas un droit qu'il a reconnu à ses voisins ; il interdirait une chose qui serait reconnue préjudiciable à tous, et l'examen de savoir s'il doit indemniser ceux auxquels il enlève une faculté, serait d'une nature différente du droit que nous examinons et beaucoup plus favorable au Gouvernement. Toutefois on pourrait prétendre équitablement que l'indemnité est due. Ce que nous soutenons, c'est que les propriétaires riverains ont le droit de pêche le long de leur rivage, jusqu'au milieu du cours, tant que le Gouvernement n'aura pas acquis d'eux ce droit. Le poisson comme la bête fauve ou le gibier appartient au premier qui s'en empare justement. Ce principe, nous ne voulons pas le contredire ; aussi ne prétendons-nous pas que le riverain soit propriétaire des poissons qui arrivent ou voyagent jusqu'au bord de son domaine et qu'il puisse exercer sur lui un droit de suite ou de main-morte. Mais en vertu du droit commun qui rend le poisson comme le gibier la propriété de celui qui le prend, *nous disons que le riverain est en position d'exercer ce droit sans nuire à autrui, tandis que tout autre ne peut le faire sans violer la pro-*

---

(1) Voyez l'art. 41, titre 27, de l'ordonnance de 1669.

priété du riverain, à moins qu'il ne parcourre la rivière comme une voie publique. L'avis du Conseil d'État du 30 pluviose, la loi du 15 avril, en confirmant aux riverains le droit de pêche, n'ont fait que sanctionner un principe naturel, résultat direct du droit de propriété, et ils y ont ajouté un principe d'équité en disant que ce droit de pêche était l'indemnité des désastres auxquels ils sont exposés. C'est cette équité qui domine dans la loi de 1829, plutôt que le principe de droit naturel. En effet, l'article 1er porte: le droit de pêche sera exercé au profit de l'État, 1.° dans tous les fleuves, rivières navigables ou flottables *et dont l'entretien est à la charge de l'État ou des ayant cause*. 2° Dans les bras et fossés, etc., *et dont l'entretien est également à la charge de l'État*. De ce texte, il est bien évident que la pêche appartient au Gouvernement dans les rivières ou canaux qu'il entretient, d'où l'on doit conclure qu'où il n'a pas pris cet entretien à sa charge, la pêche ne lui appartient pas. Or, jamais que nous sachions, le Gouvernement n'a pris aucun soin, n'a fait aucun curement, dans les cours d'eau qu'il déclare flottables dans les départements de la Meurthe et des Vosges. Peut-être quelques communes ont obtenu des secours, ou le droit de s'imposer extraordinairement pour réparer ou diminuer les désastres nombreux de la Moselle; mais ce fait que je crois avoir eu lieu sans que je puisse en administrer la preuve, montre que le Gouvernement n'entretenait pas ces cours; toutefois est-il certain qu'ils n'étaient point classés dans la grande voirie dont ils doivent faire maintenant partie, par suite de l'ordonnance du 10 juillet 1835. C'est donc de la part du Gouvernement une prise de possession nouvelle, pour laquelle il doit se conformer au texte de l'article 3 de la loi du 15 avril, c'est-à-dire indemniser les riverains de leur droit de pêche.

Ce n'est pas la profondeur des eaux, la largeur du cours qui font une rivière navigable ou flottable. Il existe des cours d'eau très-considérables, beaucoup plus forts que certains de ceux qui ont été déclarés flottables ou navigables et auxquels on n'a pas attaché cette épithète honorable. Certainement, le Madon et la Seille sont plus forts, ont plus d'eau que la Plaine et la Save, et cependant ils ne sont point déclarés flottables quoiqu'ayant leur embouchure dans la Moselle. Ce qui rend les rivières navigables

ou flottables, c'est le commerce, c'est le besoin des populations
que les cours d'eau traversent. On se sert d'eux comme d'un moyen
de communication, comme d'une route. Le Gouvernement, en
reconnaissant l'utilité du cours d'eau, en en prenant possession,
en l'assimilant aux grandes routes, rend service au commerce comme aux populations. C'est un bienfait, un acte de protection.
Mais pour qu'il en soit ainsi, il faut qu'il prenne à sa charge
l'entretien du cours, qu'il assure son lit, et pour ne pas tacher le
bienfait de spoliation, il doit indemniser ceux qui, par ce nouvel
état de chose, perdent un droit quelconque. Mais vouloir prendre
possession d'un cours sans s'obliger d'en assurer le lit qui, par
sa nature est changeant, et vouloir, sur ce lit changeant, obtenir
un marche-pied aux deux rives, enlever aux riverains le droit de
pêche en faveur d'un commerce qui ne se sert pas du cours d'eau
quatre fois par an, ce n'est seulement pas de la spoliation, c'est
du despotisme absurde. Qu'on fasse donc venir les ingénieurs qui
doivent avoir les cours d'eau dans leur administration; qu'on leur
dise : fixez le marche-pied sur cette propriété. On plante des piquets. L'année suivante, les piquets se trouvent au milieu du
cours ou à une grande distance du cours (art. 556 et 557 du
code civ.) Si ces piquets sont au milieu du cours, viendra-t-on
dire qu'il lui faut un nouveau marche-pied ? Dans ce cas il n'y
aurait aucune propriété certaine, et on pourrait, à diverses époques,
s'emparer successivement, au moyen d'un cours variable, de toutes
les propriétés riveraines et même de celles de leurs voisins. L'article 556 dit bien que les attérissements profitent au riverain, au
terrain duquel ils se réunissent à la charge de laisser le chemin de
hallage ou le marche-pied, conformément au règlement; mais la
loi ne dit nulle part que celui dont le terrain a été envahi par
le cours d'eau subitement où successivement, sera obligé d'ajouter
à ces pertes celle d'un chemin de hallage ou du marche-pied;
de démolir ses terrasses; d'abattre ses plantations, ce qui serait
une servitude épouvantable; puisqu'on ne pourrait en fixer la
limite. La loi n'a été rédigée ainsi qu'elle existe, qu'à raison que
l'État devant l'entretien, par ce fait, il doit assurer la fixité du
cours. Ainsi l'État doit l'assurer soit par le curement, soit par
d'autres travaux de l'art. L'État a pu dire : vous profiterez des

attérissements, à la charge du chemin ou du marche-pied sur cet attérissement ou alluvion, conformément aux ordonnances, et l'ancien chemin ou marche-pied vous est abandonné; mais quant à celui qui a perdu son terrain, il ne doit plus être tenu à fournir un nouveau chemin ou marche-pied sans obtenir une nouvelle indemnité; car ce serait un nouveau chemin à fournir, chemin que, dès l'origine, l'État n'a établi qu'après avoir indemnisé le propriétaire, ce qui est conforme au décret impérial du 22 janvier 1808, art. 5.

Quand les cours d'eau n'avaient point de maître ou de propriétaire unique, que ces cours étaient censés appartenir aux riverains et couler sur leurs propriétés, les riverains ne pouvaient, pour se mettre à l'abri des innondations, qu'adresser leurs prières à Dieu et creuser sur leur sol ou élever leur rivage. La rivière n'était pas réellement un voisin, mais seulement une limite; la rivière n'était pas un propriétaire, mais un être fuyant. Aujourd'hui c'est autre chose; c'est une propriété qui a un maître, un administrateur; et on ne trouve nulle part qu'on puisse posséder une chose sans limite et sans borne. Ce serait pouvoir capricieusement ou accidentellement s'emparer légalement des propriétés voisines. Un pareil droit serait pire que le despotisme. L'État, en prenant la propriété d'un cours d'eau, s'oblige par le fait seul de sa prise de possession à entretenir, à fixer le lit du cours. Nous ne pouvons pas appuyer ce principe de lois ou d'ordonnances de Lorraine, puisqu'en Lorraine aucun cours d'eau n'était réputé la propriété de l'État. Pour trouver des autorités qui appuient ce droit, il faut citer les lois françaises. Or, d'après l'ordonnance de 1669, art. 25, titre 5, les grands-maîtres devaient visiter les rivières, les faire entretenir libres et sans empêchements. Le commerce ayant demandé qu'on rendît l'Aisne navigable pour faciliter l'envoi des marchandises à Paris, Louis XIV ordonna le curement de l'Aisne; enfin, la loi du 15 avril, art. 1er, dit positivement : dans toutes les rivières flottables, l'entretien est à la charge de l'État ou de ses ayant causes. Il faut donc pour que cette loi soit applicable à la Moselle ou à la Meurthe et au cours indiqué dans l'ordonnance du 10 juillet, que l'État prenne à sa charge l'entretien de ces cours et qu'il les fixe. Comme il a pris jusqu'alors l'entretien des rivières navigables, sur celles-ci on a eu le droit de faire aborner le chemin de hallage et je ne vois rien qui s'oppose à ce qu'on en use de même pour les rivières flottables. Cette exception n'est nulle part. Proudhon prétend que le marche-pied étant établi par la loi art. 650, il n'est dû aucune indemnité au riverain pour l'établissement de cette servitude, comme étant une servitude établie par la loi et non par le fait de l'homme ; cela peut être vrai quand on trouve la servitude établie ou qu'il faut faire renaître un droit qu'on a momentanément abandonné : cela ne peut pas être vrai, cela ne peut pas être équitable lorsqu'il s'agit d'établir un droit nouveau, une servitude où il n'y en avait pas. C'est le cas d'appliquer l'art. 5 du décret du 22 janvier 1808. Qu'on parcoure maintenant les rives de la Moselle, de la Meurthe et de leurs affluents, qu'on s'est plu à déclarer flottables, et on verra bien que le marche-pied sera une œuvre nouvelle. Proudhon après avoir dit, n° 870, que c'est au maître seul qu'appartient l'obligation d'entretenir sa propre chose , dit que le curement des rivières flottables n'est pas pour le tout à la charge de l'État, parce que, par le curage, les riverains étant mis à l'abri d'inondations, le curage leur étant profitable , ils doivent y participer ; mais il ne donne aucun texte de lois ni même de commentaire de lois ou d'arrêts, pour appuyer son opinion, qu'il croit seulement équitable. Mais cette équité n'existe-t-elle pas aussi pour les riverains des fleuves navigables ? La loi ne met-elle pas, sans distinction pour les servitudes comme pour l'entretien, les rivières navigables et les rivières flottables au même niveau ? La loi de 1669, le code civil, la loi du 15 avril 1829, ne font aucune distinction entre les rivières navigables ou flottables : ce qui est applicable à l'un l'est donc à l'autre. Il est de principe qu'on ne doit pas distinguer où la loi ne distingue pas.

Pendant la révolution , on ne s'est occupé que des rivières navigables. La loi du 14 floréal an XI (1), était applicable aux rivières flottables dont le Gouvernement n'avait pas l'entretien. Les cours étaient de la petite voirie ; les communes, les particuliers

---

(1) Cette loi détermine la manière dont on doit pourvoir au curement des cours d'eau qui ne sont pas à la charge de l'État.

y établissaient des moulins, des usines jouissaient de certains droits. Maintenant tous ces droits sont abolis ; les rivières flottables sont mises au niveau des rivières navigables ; cette loi n'est donc plus applicable que pour les cours non navigables ni flottables, pour la Seille par exemple.

Les agents des ponts et chaussées prétendent que la Moselle n'exige aucune réparation, aucun entretien ; que, comme le commerce ne se plaint pas, elle est flottable dans l'état où elle se trouve, qu'ils n'ont rien à faire et qu'on n'a le droit de leur rien demander. Nous répondrons à ces Messieurs que le commerce ne peut pas faire de plainte parce qu'il n'a pas de représentants directs, parce que le commerce peut se passer du cours de la Moselle et que par le fait il ne passe pas par an quatre flottes à Toul (toutefois celui qui écrit ces pages, qui souvent a fréquenté les rives de la Moselle, n'a jamais eu le bonheur d'en rencontrer une). Comme ces Messieurs conçoivent la loi , elle aurait pour objet d'enlever tous les droits des riverains, de leur imposer, sans aucune indemnité, une forte servitude, de leur enlever le rivage et de les contraindre à l'entretien dudit rivage. Nous concevons que par une force brute on enlève un héritage, qu'on déposssède quelqu'un ; mais nous ne concevons pas qu'on le force à entretenir la chose qu'on lui enlève, c'est trop fort. Montrer les conséquences de semblables principes est la seule réfutation qu'on en puisse faire.

Nous établissons en principe qu'il ne suffit pas qu'une rivière soit flottable, il faut encore que le fait ait été déclaré administrativement : cela résulte non-seulement de la loi du 15 avril, mais encore d'une ordonnance du 6 décembre 1820 , rendue sur un avis du Conseil d'État du 30 novembre précédent ; portant : « une rivière ne peut être considérée comme navigable , et soumise à la juridiction administrative qu'autant que la navigabilité est constatée ou déclarée par acte administratif. » (Sirey , ann. 1821, sup., pag. 220. Voyez aussi ann. 1822, sup., page 115.) Or , l'ordonnance du 10 juillet 1835 est le premier acte qui constate légalement la flottabilité des cours de la Moselle, Meurthe , etc. Donc on ne peut pas, sous quel prétexte que ce puisse être, dire aux riverains qu'on ne fait que reprendre ce qu'ils ont usurpé sur le domaine.

Sirey, en son supplément, ann. 1820, page 87, pose ces simples
questions :

« Le décret du 22 janvier 1808 qui accorde une indemnité aux
» propriétaires contraints à fournir un chemin de hallage, lorsque
» la navigation est établie sur une rivière, ne doit-il pas s'étendre
» à tous les cas futurs, où le propriétaire sera tenu de fournir
» un nouveau chemin, ou de fournir un nouveau terrain, par
» l'effet de l'envahissement de la rivière ? Serait-il équitable que
» le fisc s'enrichit par la formation successive d'une île dans une
» rivière (art. 560 c. c.), tandis que le propriétaire riverain,
» dont la rivière envahit le terrain (en délaissant ou formant l'île),
» serait obligé de fournir, sans indemnité, un nouveau chemin
» de hallage?

» Lorsque l'administration rend possible la navigation sur une
» rivière (1) qui, précédemment, n'était pas navigable, ne résul-
» te-t-il pas de cette innovation que la rivière entre dans le do-
» maine public (art. 558 c. c.) et que les propriétaires sont dé-
» pouillés 1° du droit de pêche (loi du 24 floréal an X., 4 mai
» 1802, avis du Conseil d'État du 30 pluviose an XII, *loi du*
» 15 *avril* 1829, que le savant auteur ne pouvait pas citer); 2° de
» la faculté d'acquérir, par voie d'accession, les îles qui se forment
» dans la rivière (art. 560 ou 561 c. e.)? La spoliation de ces droits
» réels ne donne-t-elle pas aux propriétaires riverains droit à
» une indemnité, aux termes de l'article 10 de la charte ? Le
» décret du 22 janvier 1808, accordant une indemnité, doit-il
» être restreint à celle de la fourniture des chemins de hallage ? »

Ajoutons que l'État n'est devenu propriétaire de la pêche dans
les cours navigables que par spoliation révolutionnaire. Louis XIV,
dans sa toute-puissance a, par l'art. 41, titre 27, déclaré non pas
que les rivières navigables ou flottables appartiendraient au domaine
de la couronne, « mais que la propriété de tous les fleuves et
» rivières portant bateaux de leurs fonds, sans artifices et ouvrages
» de mains, feraient partie du domaine de la couronne nonobstant
» tout titre et possession contraires; mais dans le même article

_____

(1) Nous avons établi que sauf la différence entre le marche-pied
et le chemin de hallage, la législation sur la navigation et le flottage
est la même.

» il réserve le droit de pêche, moulin, bac et autres usages que
» les particuliers y peuvent avoir. »

RÉSUMÉ.

Nous croyons avoir prouvé que l'ordonnance du 10 juillet 1835
est le premier acte du Gouvernement qui ait déclaré flottables certains cours d'eau dans la province de Lorraine.

Que cette ordonnance n'a pu enlever le droit de pêche aux riverains, ni leur imposer la servitude du marche-pied sans qu'au
préalable cette indemnité ne fut fixée pour ces deux objets.

Les riverains ont donc le droit d'actionner l'administration en
demande d'indemnité pour la pêche, et le plus tôt possible, à
raison de la différence des actions possessoires et pétitoires, pour
le délai dans lequel elles se forment, et pour l'administration de
la preuve.

Ils peuvent encore demander l'indemnité du marche-pied et son
abornement, de même que l'entretien du cours fixe de la rivière.

L'administration succombera, et si le Gouvernement ne persiste
à vouloir remplacer par quelques centaines de francs de revenus
éventuels plusieurs millions de dépenses certaines, il retirera son
ordonnance qui consacrerait une injuste spoliation, si on l'exécu-
tait comme l'administration l'entend.

Certes, il serait beaucoup plus avantageux d'unir la Saône à
la Moselle par le canal projeté déjà sous Néron, ou d'unir le Rhin
à la Seine, suivant le projet étudié récemment. Il en coûterait
peut-être un peu plus; mais les droits probables feraient rentrer
promptement l'État dans l'avance des frais de construction de l'un
de ces canaux, et d'un autre côté nos forêts s'épuiseraient moins
vite.

MIRECOURT, IMPRIMERIE ET LITHOGRAPHIE DE HUMBERT.

www.ingramcontent.com/pod-product-compliance
Lightning Source LLC
Chambersburg PA
CBHW050446210326

41520CB00019B/6099